Child Care Books for Kids
Libros para niños acerca de la atención infantil

Benjamin
Comes Back

Benjamín
regresa

Written by/Escrito por Amy Brandt
Illustrated by/Ilustrado por Janice Lee Porter

Redleaf Press

Printed in Korea

Published by: Redleaf Press
                a division of Resources for Child Caring
                450 North Syndicate, Suite 5
                St. Paul, MN 55104

Distributed by: Gryphon House
                Mailing Address:
                P.O. Box 207
                Beltsville, MD 20704-0207

Library of Congress Cataloging-in-Publication Data

Brandt, Amy, 1963-
   Benjamin comes back / written by Amy Brandt ; illustrated by Janice Lee Porter = Benjamín
regresa / escrito por Amy Brandt ; ilustrado por Janice Lee Porter.
       p.   cm. – (Child care books for kids)
   Summary: Benjamin misses his mother after she drops him at day care, but thinking about
coming back tomorrow reassures him that she will come back as well.
   ISBN 1-884834-79-5
   [1. Separation anxiety—Fiction. 2. Day care centers—Fiction. 3. Mother and child—Fiction. 4.
Spanish language materials—Bilingual.] I. Title: Benjamín regresa. II. Porter, Janice Lee, ill. III. Title.
IV. Series.

PZ73 .B66 2000
[E]—dc21   99-055117
                                                                            CIP

For my grandmother, Mary Rose Brandt

Para mi abuela, Mary Rose Brandt

Benjamin was thinking about missing his mommy while she helped him take off his coat. He always missed her when he was at day care. The missing feeling made it hard to have any fun. Sometimes he started missing her even when she was still there!

Mientras su mamá le ayudaba a quitarse el abrigo, Benjamín pensaba en cuánto la echaría de menos. Siempre que estaba en la guardería, la echaba de menos. Este sentimiento no lo dejaba divertirse. ¡Algunas veces comenzaba a echarla de menos cuando ella todavía estaba allí!

When it was really time to say good-bye, Benjamin held tight around his mommy's neck and said, "Mommy come back."

"Benjamin," said his mommy, "Mommy always comes back."

He couldn't stop hugging by himself, so after one last big squeeze his mommy handed Benjamin to Denise and waved good-bye.

Cuando llegó la hora de despedirse, Benjamín se agarró fuerte al cuello de su mamá y dijo, "Mamá regresa."

"Benjamín," le dijo su mamá, "Mamá siempre regresa."

Pero él no podía dejar de abrazarla, así que después de un último y gran apretón, la mamá se lo entregó a Denise y le dijo adiós con la mano.

Denise carried a sad Benjamin to the rocker, where they read his favorite book about trucks three times. After that, Benjamin started to feel a little better. He wanted to drive a truck of his own. He chose a blue truck with real doors that opened, filled it with dress-up shoes, and drove away.

Denise llevó a un triste Benjamín hasta la mecedora donde leyeron tres veces su libro favorito de camiones. Después de eso, Benjamín comenzó a sentirse un poco mejor. Quería manejar un camión de verdad. Escogió un camión azul con puertas que se abrían, lleno de zapatos para disfrazarse, para conducirlo.

"Beep, beep," said Emma. "We have to drive fast! We have to get this milk to the store so the mommies can feed their babies, right?"

But Benjamin just answered, "Mommy come back." So Emma drove fast without him.

"Bip, bip," dijo Emma. "¡Tenemos que conducir rápido! Tenemos que entregar esta leche a la tienda para que las mamás puedan alimentar a sus bebés, ¿verdad?"

Pero Benjamín sólo respondió, "Mamá regresa." Así que Emma condujo rápido sin él.

Over on the carpet, Pierre, Tiffany, and Alison were getting into snowsuits. Benjamin thought about the bright snow outside and the snowsuit waiting in his cubby right where his mommy had left it.

"Mommy come back," he whispered.

Sam said, "Your mommy will come back, Benjamin. Do you want to go outside today?"

But Benjamin sat still on his truck while the other children followed Sam outside.

Sobre la alfombra, Pierre, Tiffany y Alison se estaban poniendo sus trajes para la nieve. Benjamín se imaginó la nieve brillante, afuera, y su traje para la nieve guardado en su armario, donde su mamá lo había dejado. "Mamá regresa," murmuró.

Sam le dijo, "Tu mamá regresará, Benjamín. ¿Quieres jugar afuera hoy?"

Pero Benjamín se quedó sentado en su camión mientras los otros niños seguían a Sam afuera.

Benjamin pulled his truck up to a table covered in crisp brown paper.

"Round…round…round," sang Ethan, drawing wide blue circles.

"Round…round…ROUND," sang Pablo, drawing even bigger black circles.

"Mommy come back," said Benjamin, drawing one tiny, tiny red dot. Then he drove his truck away.

Benjamín tiró de su camión hasta una mesa cubierta de papel marrón.

"Vuelta…vuelta…vuelta," cantaba Ethan, dibujando amplios círculos azules.

"Vuelta…vuelta…VUELTA," cantaba Pablo, dibujando círculos negros aún mayores.

"Mamá regresa," dijo Benjamín, dibujando un diminuto puntito rojo, y se alejó con su camión.

S top sign," said Denise. "It's time for a diaper change. Do you want to walk to the changing table or drive?"

She waited while Benjamin parked his truck just so under the sink. Then she lifted him up to sit on the changing table, so close that all he saw was her face.

"Benjamin," said Denise, "you are really missing your mommy today, aren't you?"

"Mommy come back," said Benjamin, feeling like he might cry.

S eñal de parada," dijo Denise. "Es hora de cambiar los pañales. ¿Quieres ir hasta el cambiador en el camión o prefieres ir caminando?"

Esperó a que Benjamín aparcara su camión bajo el lavabo, lo cargó, lo sentó en el cambiador, y acercó su cara a la de Benjamín.

"Benjamín," dijo Denise, "¿echas de menos a tu mamá, verdad?"

"Mamá regresa," dijo Benjamín a punto de llorar.

"Your mommy is at work, sweetie," said Denise.

"Mommy come back," said Benjamin.

"That's right," said Denise. "After work, your mommy will come back, and then it will be time for you to go home."

"Home," said Benjamin, feeling a little better just thinking about his home, his toys, and…

"See kitty," he said, so excited that he kicked his feet straight up.

"Tu mamá está trabajando, querido," dijo Denise.

"Mamá regresa," dijo Benjamín.

"Claro que sí," dijo Denise. "Después del trabajo, tu mamá regresará y será hora de irte a casa."

"Casa," dijo Benjamín, sintiéndose un poquito mejor de sólo pensar en su casa, sus juguetes y…"Ver a gatico," exclamó tan emocionado que dió pataditas en el aire.

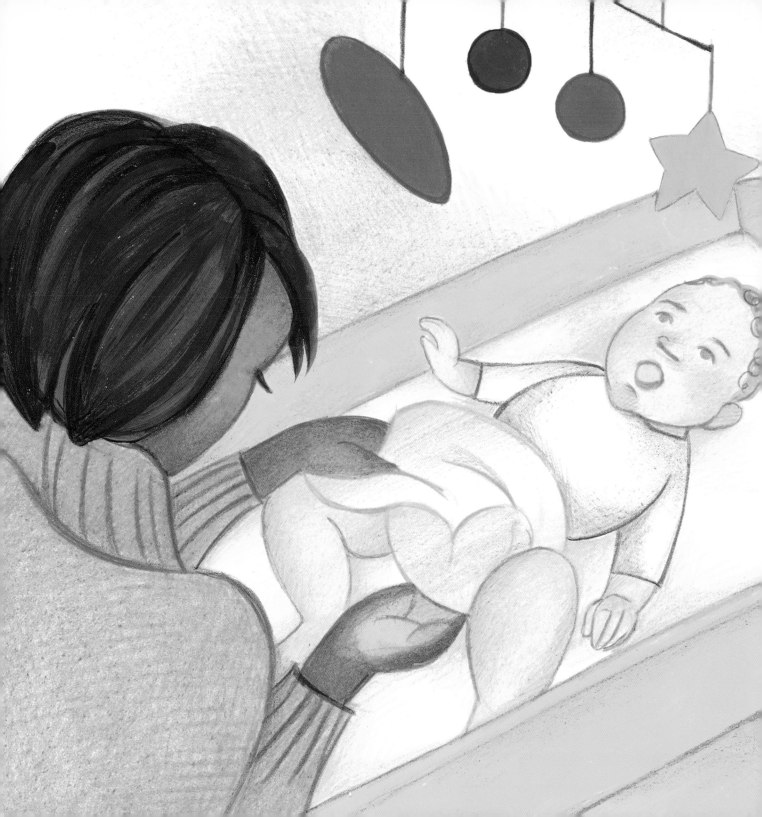

Oh, you have a kitty at home," Denise said, taking off his wet diaper. "When it's time to go home you'll see your kitty."

"Eat noodles," said Benjamin.

"You'll have noodles for dinner?" asked Denise.

"Play my toys," said Benjamin.

Así que tienes un gatico en casa," dijo Denise quitándole el pañal. "Cuando te vayas a casa, verás a tu gatico."

"Comer espaguetis," dijo Benjamín.

"¿Hoy cenarás espaguetis?" preguntó Denise.

"Jugar con mis juguetes," dijo Benjamín.

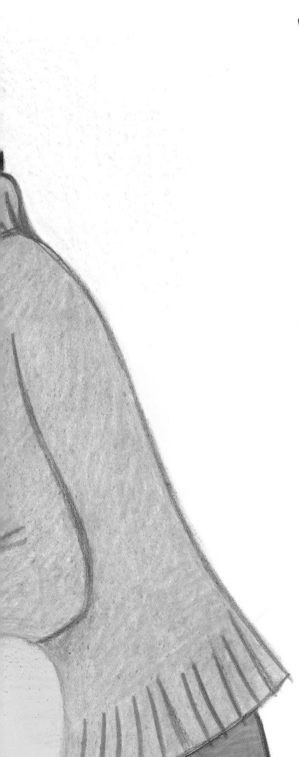

You're going to have dinner at home and play with your toys till bedtime?" asked Denise.

"Read stories," Benjamin said.

"Oh, I see," said Denise. "When your mommy comes back, you will go home, see your kitty, eat noodles, and play with your toys, and then your mommy will read you stories before you sleep in your own bed till morning."

Vas a cenar en casa y jugar con tus juguetes hasta la hora de dormir?" preguntó Denise.

"Leer cuentos," dijo Benjamín.

"Ya veo," dijo Denise. "Cuando tu mamá regrese, irás a casa, verás a tu gatico, comerás espaguetis y jugarás con tus juguetes. Entonces tu mamá te leerá cuentos y te dormirás hasta mañana."

It was quiet for a moment while Denise put on Benjamin's new, dry diaper. Then she said, "Benjamin, in the morning when your mommy goes to work, will you come back to day care and play?"

"Come back and play," said Benjamin as Denise set him down on the floor. He turned on the water in the little sink, and Denise squirted a little slippery soap on his hands. "Mommy come back," he said, watching his mouth talking in the mirror.

Sin hablar, Denise le puso a Benjamín un pañal limpio y seco. Entonces dijo, "Benjamín, por la mañana cuando tu mamá vaya a trabajar, ¿vendrás a jugar a la guardería?"

"Venir y jugar," dijo Benjamín mientras Denise lo bajaba al suelo. Abrió el grifo del lavabo y Denise le deslizó un jabón en las manos. "Mamá regresa," dijo Benjamín, mirando su boca reflejada en el espejo.

"That's right," Denise said. "Hey, Benjamin, tomorrow will you come back and play?"

"I come back," said Benjamin. He dried his hands on a towel and drove his truck out the bathroom door past the marker table to where Linda was taking down the box of bright bells, drums, and horns.

"I come back!" Benjamin said, and hopped off his truck.

"I am so glad," said Linda, holding out a curled silver horn for him to try.

"Claro que sí," dijo Denise. "Oye, Benjamín, ¿regresarás mañana a jugar?"

"Regresaré," dijo Benjamín. Se secó las manos en una toalla y condujo su camión fuera del baño hasta la mesa donde Linda estaba colocando la caja de campanas, tambores y cornetas.

"¡Regresaré!" dijo Benjamín y saltó fuera de su camión.

"Me alegro mucho," dijo Linda, alcanzándole una corneta plateada para que la tocara.

"Shake, shake, shake," said Ethan, playing maracas with both hands.

"Boom, boom, boom," said Emma, hitting a drum with a bright red stick.

"I come back!" said Benjamin, and he blew his horn louder and louder, making noisy music with his friends until lunchtime.

"Chaca, chaca, chaca," dijo Ethan, tocando las maracas con las dos manos.

"Bum, bum, bum," dijo Emma, golpeando un tambor con un palillo rojo y brillante.

"¡Regresaré!" dijo Benjamín, y sopló su trompeta. Y así estuvo tocando con sus amigos hasta la hora de almuerzo.

Notes to Parents, Teachers, and Other Caregivers

Young children have not developed a useful understanding of time—they live almost exclusively in the present. This can make a short separation from parents seem endless, leaving children anxious and fearful. All children experience this "separation anxiety," and all children resolve it in their own time. Here are some things adults can do to support children in this process.

Make good-byes dependable and predictable.

Parents can:

- Create a good-bye ritual that children can count on each day.
- Never leave without saying good-bye.
- Once you have said good-bye, follow through and leave.

Child care providers can:

- Plan staffing so the same person is there each morning to greet children.
- Plan time for staff members to give one-on-one support for saying good-bye.
- Provide soothing early-morning activities like playdough or puzzles.

Help children recall child care at home, and home at child care.

Parents can:

- Provide a comfort object children can bring to child care.
- Spend some casual time visiting with kids and teachers at child care.

Child care providers can:

- Make parents welcome in your program.
- Display photos of children at home and with their families.
- Allow children to borrow favorite books and toys overnight.

Create opportunities for children to talk about and experiment with saying good-bye.

Parents and providers can:

- Play peek-a-boo and other hiding games that allow children to investigate leaving and returning.
- Read books like *Benjamin Comes Back* to encourage conversations about saying good-bye.
- Acknowledge and name children's feelings, using phrases like, "It's hard to say good-bye, isn't it?" and "You're really missing your mommy, aren't you?"

Notas para padres y maestros

Los niños pequeños no han desarrollado una comprensión del tiempo—viven casi exclusivamente en el presente. Esto puede provocar que una corta separación de los padres les parezca interminable, por lo que se llenan de ansiedad y temor. Todos los niños experimentan esta "ansiedad de la separación," y todos la resuelven a su ritmo. A continuación les proponemos algunas cosas que los adultos pueden hacer para ayudar a los niños durante este proceso.

Haga predecibles las despedidas.

Los padres pueden:
- Crear un ritual de despedida que los niños puedan seguir cada día.
- Nunca irse sin decir adiós.
- Marcharse inmediatamente después de despedirse.

Los maestros pueden:
- Hacer que el niño sea recibido por la misma persona cada mañana.
- Planificar un tiempo para que los maestros den apoyo directo al proceso de la despedida.
- Sumistrar actividades tranquilizantes por la mañana tales como jugar con plastilina o armar rompecabezas.

Ayudar a los niños a recordar la guardería en casa y viceversa.

Los padres pueden:
- Dar a los niños un objeto de consolación que puedan llevar a la guardería.
- Visitar de vez en cuando a los niños y maestros en la guardería.

Los maestros pueden:
- Dar la bienvenida a los padres en la guardería.
- Mostrar retratos de los niños en sus casas y con sus familias.
- Permitir que los niños se lleven prestados sus libros y juguetes favoritos hasta el día siguiente.

Crear oportunidades para que los niños hablen y jueguen acerca de las despedidas.

Los padres pueden:
- Jugar al escondite y a otros juegos que le permitan a los niños investigar las acciones de irse y volver.
- Leer libros como *Benjamín regresa* para alentar conversaciones en torno a las despedidas.
- Reconocer y nombrar los sentimientos de los niños, usando frases como, "¿Verdad que es difícil despedirse?" y "Echas de menos a tu mamá, ¿no es cierto?"

Child Care Books for Kids

Child Care Books for Kids tell stories about everyday events in child care settings. They reflect the real experiences of young children in child care, giving teachers and parents a window into kids' lives.

When Katie Was Our Teacher
By Amy Brandt
Illustrated by Janice Lee Porter

When Katie leaves for a new job, the children remember all the special things she did with them, and their other teachers create a "special missing place" filled with memories of Katie.

Benjamin Comes Back
By Amy Brandt
Illustrated by Janice Lee Porter

Benjamin misses his mommy when she drops him off at child care. With his teachers' help, Benjamin learns that just as he will come back to child care the next morning, his mommy will come back to get him at the end of the day.

Libros para niños acerca de la atención infantil

Los Libros para niños acerca de la atención infantil narran historias acerca de incidentes habituales en las guarderías. Al mismo tiempo que reflejan las experiencias reales de los pequeños, estas historias abren a padres y maestros una ventana que les permite asomarse a la vida de los niños.

Cuando Katie era nuestra maestra
Por Amy Brandt
Ilustrado por Janice Lee Porter

Cuando Katie se cambia a un nuevo trabajo, los niños recuerdan todas las cosas especiales que hacían junto a ella, y los otros maestros crean un "lugar para echar de menos" lleno de recuerdos de Katie.

Benjamín regresa
Por Amy Brandt
Ilustrado por Janice Lee Porter

Benjamín echa de menos a su mamá cuando ésta lo deja en la guardería. Con la ayuda de sus maestros, Benjamín aprende que tal como él regresará a la guardería en la mañana, su mamá también regresará a buscarlo al fin del día.

For more information call/Para más información llame al
800-423-8309